大展好書　好書大展
品嚐好書　冠群可期

大展好書　好書大展
品嘗好書　冠群可期

彩色圖解
太極武術
1

太極功夫扇

李德印、馬一楓、方彌壽
編著

大展出版社有限公司

國家圖書館出版品預行編目資料

太極功夫扇 ／ 李德印　馬一楓　方彌壽　編著
──初版，──臺北市，大展，2003〔民92〕
面；21公分 ──（彩色圖解太極武術；1）
ISBN　978－957－468－211－9（平裝）

1.太極拳

528.972　　　　　　　　　　　　　　92003665

本書有作者演示 VCD，欲購者請洽大展出版社

太 極 功 夫 扇

編 著 者／李德印　馬一楓　方彌壽
責任編輯／佟　　暉
發 行 人／蔡森明
出 版 者／大展出版社有限公司
社　　址／台北市北投區（石牌）致遠一路2段12巷1號
電　　話／（02）28236031‧28236033‧28233123
傳　　眞／（02）28272069
郵政劃撥／01669551
網　　址／www.dah-jaan.com.tw
E－mail／service@dah-jaan.com.tw
登 記 證／局版臺業字第2171號
承 印 者／凌祥彩色印刷有限公司
裝　　訂／承安裝訂有限公司
排 版 者／弘益電腦排版有限公司
授 權 者／北京體育大學出版社
初版1刷／2003年（民92年）5月
2版1刷／2008年（民97年）3月

定 價／220元

太極功夫扇內容簡介

　　《太極功夫扇》是北京市老年體協爲積極支持北京市申辦2008年奧運會，大力開展中老年健身活動，於新世紀初組織創編的太極拳新套路。主編人是中華武林百傑、國際級武術裁判、中國人民大學李德印教授。這套太極扇的創編豐富了老年朋友太極健身活動內容，受到了太極拳受好者熱烈歡迎。

　　在2001年2月18日「北京國際公路接力賽」上，來自北京市八國區縣的二千零八名老年朋友，聚集在毛主席紀念堂南廣場做了《太極功夫扇》集體表演。他們伴隨著《中國功夫》歌曲，精神抖擻，意高氣揚，揮拳舞扇，聲浪衝天，展現了當代老人的精神風貌，也構成了北京市申奧活動的新亮點。

　　這套太極扇的「新」不只表現在它是一項新編套路，更可貴的是它在繼承弘揚太極拳傳統的基礎上，做出了有益的新探索、新創新，使古老的太極拳運動綻放出新的光彩，令人耳目一新。突出表現在：

　　1. 將太極拳與其它武術項目以及京劇、舞蹈動作巧妙結合，爲太極拳運動注入了新內容。

　　2. 將太極拳與扇的揮舞相結合，爲太極拳器械增加了新品種。

3. 將太極拳與現代現代歌曲相結合，使太極拳出現了載歌載「武」的新形式。

《太極功夫扇》全套分爲6段，每段8個動作，加上起勢、收勢和兩個過門，共計52個動作。

第一段動作以太極拳、太極劍的技法和風格爲主線，表現了扇子的抱、分、開、合、刺、撩、劈、壓等技法，結合《中國功夫》歌曲每分鐘66拍的慢板，每動八拍，動作柔緩自然，輕靈穩定。

第二、四段動作，以長拳、查拳等快速有力型武術的技巧和風格爲主線，表現了削、推、按、藏、亮、挽花等扇法和戳腳、震腳腿法，結合歌曲每分鐘104拍快板，每動四拍，動作明快，動靜分明。

第三、五段動作以南拳、陳式太極拳的剛健、發力、發聲動作和京劇、舞蹈的造型亮相爲主線，表現了扇子的挑、貫、雲、劈、撥、拍等方法以及蹬腳、舉腿、抖拳、頂肘、縱跳等技法，結合歌曲念板，動作健美勇猛，發聲助力，氣勢雄壯。三、五段以後各有一個過門動作，分別以抱扇、行步兩種不同方式承前啓後，巧妙連接。

第六段以楊式、吳式太極拳的技巧和風格作爲結尾主線，表現了捧、捋、擠、穿、架、戳、背等扇法，在柔緩悠長，連貫圓活的動作中平穩收勢。

這套太極扇的造型優美，結構新穎，動作有剛有柔，節奏快慢相間，同時伴以發力發聲，歌武結合，不僅提高了鍛鍊的健身性、趣味性和藝術觀賞性，而且使老年朋友的太極健身活動增添了朝氣蓬勃，多姿多采的氣氛。

在這套太極扇的創編中，內容儘量選取群眾熟悉的動作，場地不超過3×2公尺，力求方便群眾學練與集體演練。有一定太極拳基礎的老年朋友，一般經過兩次培訓，用4～6小時的時間即可掌握。

太極拳功夫扇動作名稱

預備勢

第一段

1. 起　勢（併步抱扇）
2. 斜飛勢（側弓舉扇）
3. 白鶴亮翅（虛步亮扇）
4. 黃蜂入洞（進步刺扇）
5. 哪吒探海（轉身下刺）
6. 金雞獨立（獨立撩扇）
7. 力劈華山（翻身劈扇）
8. 靈貓捕蝶（轉身掄壓）
9. 坐馬觀花（馬步亮扇）

第二段

10. 野馬分鬃（弓步削扇）
11. 雛燕凌空（併步亮扇）
12. 黃峰入洞（進步刺扇）
13. 猛虎撲食（震腳推扇）
14. 螳螂捕蟬（戳腳撩扇）

15. 勒馬回頭（蓋步按扇）

16. 鷂子翻身（翻身藏扇）

17. 坐馬觀花（馬步亮扇）

第三段

18. 舉鼎推山（馬步推扇）

19. 神龍回首（轉身刺扇）

20. 揮鞭策馬（叉步反撩）

21. 立馬揚鞭（點步挑扇）

22. 懷中抱月（歇步抱扇）

23. 迎風撩衣（併步貫扇）

24. 翻花舞袖（雲手劈扇）

25. 霸王揚旗（歇步亮扇）

26. 抱扇過門（開步抱扇）

第四段

27. 野馬分鬃（弓步削扇）

28. 雛燕凌空（併步亮翅）

29. 黃峰入洞（進步刺扇）

30. 猛虎撲食（震腳推扇）

31. 螳螂捕蟬（戳腳撩扇）

32. 勒馬回頭（蓋步按扇）

33. 鷂子翅身（翻身藏扇）

34. 坐馬觀花（馬步亮扇）

第五段

35. 順鸞肘（馬步頂肘）

36. 裏鞭炮（馬步翻砸）

37. 前招勢（虛步撥扇）

38. 雙震腳（震腳拍扇）

39. 龍虎相交（蹬腳推扇）

40. 玉女穿梭（望月亮扇）

41. 天女散花（雲扇合抱）

42. 霸王揚旗（歇步亮扇）

43. 行步過門（托扇行步）

第六段

44. 七星手（虛步掤扇）

45. 攬紮衣（弓步掤扇）

46. 捋擠勢（後捋前擠）

47. 蘇秦背劍（併步背扇）

48. 摟膝拗步（弓步戳扇）

49. 單鞭下勢（仆步穿扇）

50. 挽弓射虎（弓步架扇）

51. 白鶴亮翅（虛步亮扇）

52. 收勢（抱扇還原）

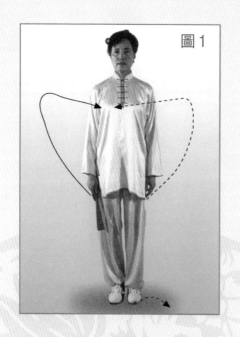

圖1

動作圖解

預 備 勢

　　併步站立（假設面向正南），兩臂自然垂於體側。
右手持握扇根。扇頂朝下。目視前方（圖1）。

【要點】

　　頭頸正直，身體自然放鬆。

圖2

第一段

（一）起勢（開步抱扇）

　　左腳向左分開半步，與肩同寬。同時兩臂從身體兩側合抱於胸前，臂與肩平，兩臂撐圓。右手握扇，扇頂向上；左手在外，四指貼於右拳背。目視前方（圖2）。

【要點】

　　表演時也可先抱扇敬禮，然後左腳向左開步。

（二）斜飛勢（側弓步擧）

1. 收腳抱手

左手向左下、向上畫弧，屈臂抱於胸前；右手向右上、向下畫弧，屈臂抱於腹前，手心上下相對。右腳提起收於左腳內側目視左手（圖3）。

2. 開步插手

右腳向右側伸出，腳跟著地。同時兩臂交叉相抱，左臂在上。目視左掌（圖4）。

圖3

圖4

圖 5

3. 側弓步舉扇

重心右移，成右側弓步（橫襠步）。上體稍右傾，兩手分別向右前上方和左前下方撐開。右手舉扇略高於頭，掌心斜向上；左掌與胯同高，掌心斜向下。轉頭向左平視（圖5）。

【要點】

1. 開步插手時，兩臂斜上斜下交叉。

2. 斜身分靠時上體側傾，頭與軀幹順直舒展，沉肩頂頭。本勢採自吳式太極拳，要求上體斜中寓正，以肩向右側擠靠。

（三）白鶴亮翅（虛步亮扇）

1. 轉腰擺扇

重心左移，身體左轉。右手持扇向左擺至頭前；左掌收至右腰間，掌心向上。目視前方（圖6）。

2. 轉腰分掌

重心右移，身體右轉。右手持扇向下、向右畫弧擺至右胯旁；左掌經右臂內側穿出向左畫弧至頭左側。目視右前方（圖7）。

圖8

3. 虛步開扇

身體轉正，左腳向前半步成左虛步。兩掌繼續向左下和右上畫弧，左掌按在左胯旁；右手在頭右前方抖腕側立開扇。目視正前方（圖8）。

【要點】

1. 重心移動、轉腰與兩臂交叉要同時進行。

2. 虛步與開扇要同時完成。扇骨上下豎直，扇面平行於身體，扇正面（光滑面）朝前，背面（小扇骨面）朝內，扇沿向左。

3. 本勢採自楊式太極拳，要求中正安舒。

（四）黃蜂入洞（進步刺扇）

1. 合扇收腳

右手伸腕先將扇合上。繼而身體先向左轉，再向右轉，左腳提起收於右小腿內側。同時右手持扇先向左擺，再翻掌向右平帶，將扇橫置於右肩前，扇頂向左；左掌上繞經面前落在右臂內側，手心向下。目視右前方（圖9）。

2. 轉身上步

身體左轉，左腳向前（東）上步，腳尖外撇。同時右手持扇向下捲裹收於腰側；左掌亦隨之翻轉落於腹前。目視前方（圖10）。

3. 弓步平刺

右腳向前上步，重心前移成右弓步。同時右手持扇向前刺出，高與胸平，手心向上；左掌向左、向上繞至頭側上方。目視前方（圖11）。

【要點】

1. 右手先合扇，繼而以腰帶臂，以臂帶扇，收腳、

圖11

橫扇與左掌繞轉要同時完成。

　2. 扇捲落時，右臂外旋，手心向上，扇頂指向前方。

　3. 刺扇時轉腰順肩，扇與右臂成直線。

　4. 本勢採自三十二式太極劍，要求上體保持正直，步法輕起輕落。

（五）哪吒探海（弓步下刺）

1. 後坐收扇

　左腿屈膝，重心後移；右腿自然伸直，腳尖上翹。右手持扇橫收於胸前，手心向上；左手落於右手上方，手心向下。目視前方（圖12）。

2. 扣腳轉體

右腳尖內扣落地，隨之重心右移，右腳蹬地碾轉，向左後轉體；左腿提收於右小腿內側。右手握扇收至右腰側。目視左前方（圖13）。

3. 弓步下刺

左腳向左前（東南）落地成左弓步。同時，左掌向左向上畫弧舉於頭側上方；右手握扇向前下方（東南）刺出。目視前下方（圖14）。

【要點】

1. 後坐收扇時，身體向左、向右轉動；右手持扇向左、向右畫弧收於胸前。

圖14

2. 此勢採自四十二式太極劍。碾腳轉體時，立腰、豎頸、頂頭、提膝，身體保持端正平穩。弓步刺扇時上體略向前傾。

（六）金雞獨立（獨立撩扇）

1. 收腳繞扇

身體右轉，重心後移，左腳收至右腳內側。右手持扇向上、向後畫弧繞轉，舉於頭右側上方；左掌隨之向右畫弧至右腕旁。目視右扇（圖15）。

2. 上步繞扇

身體左轉，左腳向前（正東）上步，腳尖外撇。右手持扇繼續向右下畫弧繞轉；左掌隨之向下畫弧至腹

前。目視前方（圖16）。

3. 獨立撩扇

　　身體左轉，右腳提起成左獨立步。右手持扇向前上畫弧撩起，至肩平時抖腕平立開扇；左掌畫弧舉至頭側上方。目視前（東）方（圖17）。

　　【要點】

　　1. 轉腰、收腳上步與繞扇要協調一致。

圖18

圖19

2. 提膝、開扇要協調一致。身體要保持中正穩定。

3. 開扇後扇骨水平，扇沿向上，扇面與地面垂直。

（七）力劈華山（翻身劈扇）

1. 落腳合扇

上體右轉，右腳下落，腳尖外撇，左腳跟提起，兩腿略蹲。同時右手後抽；左掌下落前推，順勢合扇。目視左前（東）（圖18）。

2. 蓋步按扇

上體繼續右轉，左腳經右腳前向右蓋步，右腳跟提起。同時兩手經體側畫弧上舉，繞至頭前兩手相合按於

左腹前，左掌蓋壓在右腕上。目視扇頂（圖19）。

3. 翻身繞扇

以兩腳掌為軸，上體挺胸展腹向右後翻轉。同時右手持扇隨轉體向上、向前繞擺，舉至頭上；左掌仍扶於右腕部（圖20）。

4. 弓步劈扇

身體繼續右轉，右腳向前（東）上步，成右弓步。

右手持扇下劈倒立開扇；左掌向下、向左畫弧，舉於頭側上方。目視前方（圖21）。

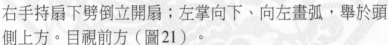

圖22

【要點】

1. 蓋步按扇要以腰為軸，帶動四肢。轉腰合胯，提腿蓋步，繞臂按扇要協調一致。

2. 翻身繞扇時，扇要貼身走立圓。

3. 弓步劈扇方向為正東，右臂與肩同高。下劈開扇後扇骨水平，扇面倒立，扇沿向下。

（八）靈貓捕蝶（轉身掄壓）

1. 轉體擺掌

身體左轉，重心左移，右弓步變左弓步。同時左掌向右、向下、向左畫弧擺至體側（正西）；右手持扇翻轉下沉，背於身後。頭隨身轉，目視正西（圖22）。

2. 上步掄扇

身體繼續左轉，右腳上步，腳尖內扣。右手持扇向前、向上掄擺畫弧；左掌向上、向後掄擺畫弧，兩臂伸直。頭隨體轉（圖23）。

圖23

3. 弓步壓扇

身體繼續左後轉，左腳向後撤步，成右弓步。右手持扇掄擺畫弧向前下方壓扇，繼而翻轉手心向上持扇反壓；左掌掄擺畫弧舉至後上方，手臂內旋，手心向後。目視前下方（圖24）。

圖24

【要點】

1. 轉身上步掄扇要以腰帶臂，兩臂貼身掄擺成立圓。掄扇時扇面與掄擺弧線保持垂直。

2. 正反壓扇時扇面接近水平，略低於膝。兩臂向前下方和後上方伸直；上體探身前傾。弓步方向正東。

（九）坐馬觀花（馬步亮扇）

1. 虛步合扇

重心後移，右腳回收半步，腳前掌點地，成右虛步。左掌屈收，經胸前向前推出；右手持扇回收至腰間，兩手交錯時順勢合扇。目視前方（圖25）。

2. 退步穿扇

右腳後退一步，同時右手持扇向後、向上掄擺至頭頂，扇頂斜向下；左手經左肋身後反穿（圖26）。

圖25

上體右後轉，重心右移成右弓步。同時右手持扇沿體側向右前方反穿伸出；左手也隨之向左後伸直。頭隨體轉，目視右扇（圖27）。

圖 26

圖 27

3. 馬步展扇

身體左轉，重心左移，成馬步。同時右手翻轉橫立
開扇，手心向內，與腰同高，停於右膝上方；左掌向上

畫弧，舉於頭側上方，手心向上。目視扇沿（圖28）

圖28

【要點】

1. 虛步合扇採自高探馬動作，要求轉腰順肩，立身中正。

2. 退步穿扇時，應扇頂在前，扇骨沿身體向背後穿出。

3. 馬步展扇時，兩腳平行；扇面朝向西偏南。

第二段

（十）野馬分鬃（弓步削扇）

1. 轉腰合臂

右手合扇，上體左轉，兩臂交叉合抱於左胸前。目視左下方（圖29）。

2. 弓步削扇

身體右轉，右腳尖外撇，左腿蹬直，成右弓步。兩臂向右上方和左下方分開，成一直線。右手高與頭平，

圖 29

圖 30

手心斜向上；左手高與胯平，手心斜向下。目視右扇
（圖30）。

【要點】

1. 合臂、削扇都要以腰帶臂，腰肢協調一致。

2. 此勢採自查拳動作，要求舒展挺拔，放長擊遠。弓步方向正西。

（十一）雛燕凌空（併步亮扇）

1. 轉腰穿掌

重心不動，右腳尖內扣，身體左轉。右手握扇向左、向下畫弧至左肩前；左掌向右、向上經右臂內側穿出，兩臂在胸前交叉，掌心均向內；目視右手扇（圖31）。

2. 併步亮扇

身體先右轉再左轉，左腳收至右腳旁，兩腿直立，成併步。右手握扇向下、向右、向上畫弧，至頭右上方時抖腕側立開扇；左掌向上、向左、向下畫弧，抱拳收於左腰間。向左甩頭，目視左（東）方（圖32）。

【要點】

1. 此勢為長拳動作，要求頂頭、挺胸、收腹、身體挺拔直立。

2. 併步、抱拳、開扇、轉腰、甩頭要整齊協調一致，乾脆有力。

3. 亮扇方法同（三）白鶴亮翅，唯右手直臂上舉。

圖31

圖32

（十二）黃蜂入洞（進步刺扇）

1. 擺掌上步

身體先右轉再左轉，左腳向左（正東）上步。右手翻掌合扇，向右、向下捲收到右腰間；左拳變掌，向左、向上、向右畫弧至右胸前。目視左（東）方（圖33）。

2. 弓步直刺

上體左轉，右腳向前上

圖33

圖34

步，左腳蹬直，成右弓步。右手握扇前刺，手心向上，
與肩同高；左掌向左、向上畫弧繞至頭左上方，掌心向
上。目視右扇（圖34）。

【要點】
1. 刺扇與弓步要協調一致。
2. 動作要乾脆俐落，舒展有力。

（十三）猛虎撲食（震腳推扇）

1. 震腳收扇

重心後移，右腳收至左腳內側踏震落地；左腳迅速
提起，靠近右踝內側。同時右手握扇收至右腰間，手心
向左；左掌向下收於左腰間，手心向右；兩手貼緊身

體，虎口斜向上。目視前
方（圖35）。

圖 35

2. 弓步推扇

左腳向前上步，右腿
蹬直，成左弓步。同時兩
手向體前推出，左掌沿與
右拳面向前，手心相對，
腕與肩同高；扇身豎直，
目視扇頂（圖36）。

【要點】

1. 此勢為長拳動作，要求快速有力，乾脆俐落。

2. 震腳時提腳高不過踝，踏落全腳著地，快速有
力。兩腳換接緊密，不可跳躍。

圖 36

圖 37

（十四）螳螂捕蟬（戳腳撩扇）

1. 轉腰繞扇

身體右轉，重心後移，右腿直立。右手內旋向上、
向後畫弧繞扇；左掌附於右腕隨之畫弧。目視右手（圖
37）。

2. 分手繞扇

身體左轉，重心前移，左腳尖外撇。右手握扇繼續
向下繞弧；左掌分開，向下、向左畫弧擺至肩高。目視
左手（圖38）。

圖38

3. 戳腳撩扇

上體左轉，右腳向前方
戳踢，腳尖上翹，腳跟著地
成右虛步。右手持扇向前下
方撩起斜立開扇，手心斜向
前；左掌收至右臂內側，掌
心向右；目視扇沿（圖
39）。

圖39

【要點】

1. 戳腳要求腳跟擦地，
腳尖上翹，小腿向前擺踢。

2. 開扇方向為正東，扇骨與右臂平行斜向前下方，
右手高與腹平；扇面斜立在右腿前上方。

圖40

（十五）勒馬回頭（蓋步按扇）

1. 合扇轉身

身體右轉，右腳下落，腳尖外撇，左腳跟提起。同時右手持扇後抽；左掌前推合扇，兩臂向左右分開。目視右扇（圖40）。

2. 蓋步按扇

上體右後轉，左腳經右腳前向右蓋步，右腳跟提起。同時兩手向上、向內畫弧於頭前相合，再按至右腹前，左掌壓在右腕上。目視扇頂（圖41）。

【要點】

轉體蓋步要以腰為軸，轉腰揮臂，提腿合胯，蓋步

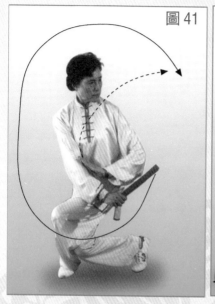

按扇，衝接協調連貫。

（十六）鷂子翻身（翻身藏扇）

1. 翻身繞扇

以兩前腳掌碾地，上體挺胸展腹向右後翻轉。同時右手持扇隨轉體向上、向前繞擺至頭前上方，再以腕關節為軸持扇挽一個腕花，使扇在右腕外側繞轉一周。左掌指仍扶於右腕部；目視前方（圖42）。

2. 撤步藏扇

右腳後退一步，左腿屈弓成左弓步；同時右手持扇向下、向後擺至身後；左手落經胸前，向前側立掌推

圖43

出。目視左手（圖43）。

【要點】

1. 翻身時，挺胸、仰頭、翻腰，以腰帶臂。

2. 弓步方向正東。

（十七）坐馬觀花（馬步亮扇）

1. 返身穿扇

身體微左轉，右手持扇向上、向前掄至頭頂；左掌經肋間向後反穿（圖44）。

身體迅速翻身右後轉，重心右移成右弓步。右手持扇沿體側向身後反穿；再隨轉體向右前伸出；左手也隨之向左後伸直。頭隨體轉，目視右扇（圖45）。

圖 44

圖 45

2. 馬步展扇

身體左轉，重心左移，成馬步。右手持扇翻轉橫立

圖46

開扇，手心向內，與腰同高，停於右膝上方；左掌向上
畫弧，舉於頭側上方，手心向上。目視扇沿（圖46）。

【要點】
1. 穿扇時扇頂朝前，扇骨貼身，反手後穿。
2. 馬步展扇時，兩腳平行；扇面朝西偏南。

第三段

（十八）舉鼎推山（馬步推扇）

1. 轉體收扇

重心左移，身體右轉，右腳稍回收，腳尖點地。右

圖47

圖47附圖

手持扇收至右腰間；左掌下落經胸前推出，兩手交錯時順勢合扇。目視右側（圖47、附圖47）。

2. 馬步推扇

身體向左轉，右腳向右橫跨一大步，左腳隨之滑動，成馬步，胸向正南。同時右手握扇前推，腕與肩高，扇頂豎立向上；左掌翻轉撐架在頭側上方。目視扇頂（圖48）。

圖48

圖49

【要點】

1. 此動作採自於四十二式太極劍，推扇應快速發力，與轉腰跨步密切配合。

2. 左腳滑步應根據右腳跨步大小靈活掌握。

（十九）神龍回首（轉身刺扇）

1. 轉體收扇

身體左轉，重心右移，左腳收至腳內側，腳尖點地。兩手同時收至腰間，虎口朝前。目視前（東）方（圖49）。

圖50

2. 弓步平刺

左腳向前方邁出，屈膝前弓成左弓步。右手握扇向前刺出，腕與胸同高；左掌抱於右拳下面。目視前（東）方（圖50）。

【要點】
1. 轉腰收腳與收扇收掌要協調一致。
2. 弓步平刺的方向為正東。

（二十）揮鞭策馬（叉步反撩）

1. 撤腳繞扇

重心後移，左腳尖外撇，身體右轉。右手持扇向

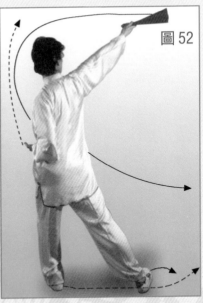

上、向右畫弧繞至身後；左手向下、向左繞至身前。目
視右扇（圖51）。

2. 上步繞扇

　　身體左轉，右腳向前上步，腳尖內扣。右手握扇向
下、向前畫弧繞至頭前上方；左掌翻轉收至左腰間。目
視右扇（圖52）。

3. 叉步反撩

　　身體擰腰右轉，左腳向右腳後方（東）插出，成右
叉步。同時右手握扇向左、向下、向後反手開扇撩出；
左掌向左、向上畫弧舉至頭側上方，掌心向上。目視右
側（圖53、附圖53）。

圖 53

圖 53 附圖

【要點】

1. 動作要連貫；叉步與開扇亮掌要整齊。

2. 撩扇方向正東，右臂斜向下，扇骨與右臂平行，扇沿斜向上。

3. 叉步時，右腳尖外撇，右腿屈膝，左腳跟提起，左腿蹬直；塌腰挺胸，上體右轉。

圖54

圖55

（二十一）立馬揚鞭（點步挑扇）

1. 轉身挑扇

右腿直立，身體左轉。右手持扇向前、向上挑舉至頭側上方，右臂伸直；左掌收至胸前。目視前（西）方（圖54）。

2. 點步推掌

左腳上步，腳前掌輕點地面，右腿伸直，成點立步（高虛步）。同時左掌向前側立掌推出，掌心向右。目視前方（圖55）。

【要點】

1. 挑扇時右臂伸直擺動上舉。

2. 點立步時重心在後腿，前腳掌虛點地面，兩腿皆挺膝伸直，上體向上伸拔。

3. 推掌高與肩平，方向為正西。

（二十二）懷中抱月（歇步抱扇）

左腳跟移動，腳尖外撇，身體左轉，兩腿交疊屈蹲成歇步。右手持扇翻轉抱於胸前，手心向內；左掌收至扇根內側，掌心斜向下。目視前（南）方（圖56）。

【要點】

兩臂合抱貼近胸前，右手持扇在外，扇面與身體平行，方向為正南。

（二十三）迎風撩衣（併步貫扇）

1. 上步合扇

兩腿直立，身體微向右轉，右腳向右上步，腳尖內扣。同時左掌向左前方，右手向右後方分擺，順勢將扇合上。目視右側（圖57）。

2. 併步貫打

左腳向右腳併步直立，

圖56

 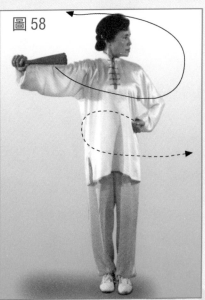

身體左轉。同時左掌變拳收至左腰間，拳心向上；右手
握扇向前、向左貫打，停於右肩前，拳心向下，虎口向
左。向左甩頭，目視左（西）側（圖58）。

【要點】

1. 此動作採自長拳動作，要求頂頭、挺胸、收腹、
挺膝。貫打與併步、轉腰、甩頭協調一致。

2. 併步方向正南；甩頭方向正西。

（二十四）翻花舞袖（雲手劈扇）

1. 雲扇擺掌

身體左轉，右手握扇向左平擺；左拳變掌從右腋下

向右穿伸。隨之仰頭挺胸，上體右轉，右手在頭上向後、向右雲擺至右上方；左掌內旋向前、向左雲擺至身體左側；目視右扇（圖59）。

圖59

2. 弓步劈臂

身體左轉，右腿向右側開步，左腿屈弓成左側弓步。右手持扇向左下方斜劈；左掌收至右臂內側，兩臂交叉合抱，左臂斜向上，右臂斜向下。目視左前下方（圖60）。

圖60

圖61

【要點】

1. 雲扇擺掌，源於京劇雲手動作，應以轉腰、仰頭、挺胸、轉頭來帶動兩手雲擺，同時配合兩臂內旋。

2. 劈扇時，開步向西，身體轉向東南。

（二十五）霸王舉旗（歇步亮扇）

1. 轉腰擺扇

身體右轉，重心右移。右手握扇向下、向右擺至體側；左掌向上、向左畫弧分開。目視右側（圖61）。

2. 歇步亮扇

身體左轉，左腳向右腿右後方插步，兩腿交疊屈蹲下坐，成歇步。右手直臂上舉側立開扇於頭側上方；左掌立掌收至右胸前，掌心向右。甩頭轉視左前（東）方

（圖62）。

【要點】

1. 亮扇與（三）白鶴亮翅相同，唯右臂在頭側直臂上舉。

2. 歇步、開扇、收掌、甩頭要協調一致。

（二十六）抱扇過門（開步抱扇）

1. 開扇托抱

身體起立，左腳向前上步，腳尖內扣，身體右轉成開立步。兩手托扇抱於腹前，手心皆向上，扇面與身體平行，方向朝南。目視前方（圖63）。

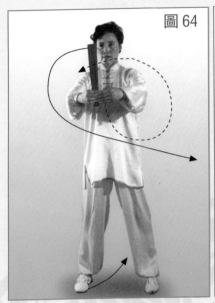
圖64

圖65

2. 合扇舉抱

身體不動，兩手分開，順勢合扇，兩手經體側畫弧抱於體前，兩臂撐圓，扇頂向上。目視扇頂（圖64）。

【要點】

此動作為過門連接動作，要求舒鬆自然，有間歇停頓。

第四段

（二十七）野馬分鬃（弓步削扇）

1. 轉腰合臂

上體左轉，右腳提收至左踝內側，兩臂交叉合抱於

圖66

左胸前。目視左下方（圖65）。

2. 弓步削扇

身體右轉，右腳向右邁出一步，重心右移，左腿蹬直，成右弓步。兩臂向右上方和左下方分開，成一直線。右手高與頭平，手心斜向上；左手高與胯平，手心斜向下。目視右扇（圖66）。

（二十八）雛燕凌空（併步亮扇）

1. 轉腰穿掌

重心不動，右腳尖內扣，身體左轉。右手握扇向左、向下畫弧至左肩前；左掌向右、向上經右臂內側穿出，兩臂在胸前交叉，掌心均向內；目視右手扇（圖67）。

圖67

圖68

2. 併步亮扇

身體先右轉再左轉，左腳收至右腳旁，兩腿直立，成併步。右手握扇向下、向右、向上畫弧，至頭右上方時抖腕側立開扇；左掌向上、向左、向下畫弧，抱拳收於左腰間。向左甩頭，目視左（東）方（圖68）。

【要點】

1. 此勢為長拳動作，要求頂頭、挺胸、收腹、身體挺拔直立。

2. 併步、抱拳、開扇、轉腰、甩頭要整齊協調一致，乾脆有力。

3. 亮扇方法同（三）白鶴亮翅，唯右手直臂上舉。

（二十九）黃峰入洞（進步刺扇）

1. 擺掌上步

身體先右轉再左轉，左腳向左（正東）上步。右手翻掌合扇，向右、向下捲收到右腰間；左拳變掌，向左、向上、向右畫弧至右胸前。目視左（東）方（圖69）。

圖69

2. 弓步直刺

上體左轉，右腳向前上步，左腳蹬直，成右弓步。右手握扇前刺，手心向上，與肩同高；左掌向左、向上畫弧繞至頭左上方，掌心向上。目視右扇（圖70）。

圖70

【要點】

1. 刺扇與弓步要協調一致。

2. 動作要乾脆俐落，舒展有力。

（三十）猛虎撲食（震腳推扇）

1. 震腳收扇

重心後移，右腳收至左腳內側踏震落地；左腳迅速提起，靠近右踝內側。同時右手握扇收至右腰間，手心向左；左掌向下收於左腰間，手心向右；兩手貼緊身體，虎口斜向上。目視前方（圖71）。

2. 弓步推扇

左腳向前上步，右腿蹬直，成左弓步。同時兩手向體前推出，左掌沿與右拳面向前，手心相對，腕與肩同高；扇身豎直，目視扇頂（圖72）。

【要點】

1. 此勢為長拳動作，要求快速有力，乾脆俐落。

2. 震腳時提腳高不過踝，踏落全腳著地，快速有力。兩腳換接緊密，不可跳躍。

圖71

圖72

（三十一）螳螂捕蟬（戳腳撩扇）

1. 轉腰繞扇

身體右轉，重心後移，右腿直立。右手內旋向上、向後畫弧繞扇；左掌附於右腕隨之畫弧。目視右手（圖73）。

2. 分手繞扇

身體左轉，重心前移，左腳尖外撇。右手握扇繼續

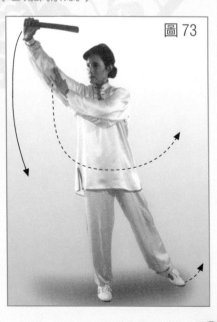

圖73

圖74

向下繞弧；左掌分開，向下、向左畫弧擺至肩高。目視左手（圖74）。

3. 戳腳撩扇

上體左轉，右腳向前方戳踢，腳尖上翹，腳跟著地成右虛步。右手持扇向前下方撩起斜立開扇，手心斜向前；左掌收至右臂內側，掌心向右；目視扇沿（圖75）。

（三十二）勒馬回頭（蓋步按扇）

1. 合扇轉身

身體右轉，右腳下落，腳尖外撇，左腳跟提起。同時右手持扇後抽；左掌前推合扇，兩臂向左右分開。目視右扇（圖76）。

圖75

圖76

2. 蓋步按扇

上體右後轉，左腳經右腳前向右蓋步，右腳跟提

圖77　圖78

起。同時兩手向上、向內畫弧於頭前相合，再按至右腹前，左掌壓在右腕上。目視扇頂（圖77）。

【要點】

轉體蓋步要以腰為軸，轉腰揮臂，提腿合胯，蓋步按扇，銜接協調連貫。

（三十三）鷂子翻身（翻身藏扇）

1. 翻身繞扇

以兩前腳掌碾地，上體挺胸展腹向右後翻轉。同時右手持扇隨轉體向上、向前繞擺至頭前上方，再以腕關節為軸持扇挽一個腕花，使扇在右腕外側繞轉一周。左掌指仍扶於右腕部；目視前方（圖78）。

圖79

2.撤步藏扇

右腳後退一步，左腿屈弓成左弓步；同時右手持扇向下、向後擺至身後；左手落經胸前，向前側立掌推出。目視左手（圖79）。

【要點】

1. 翻身時，挺胸、仰頭、翻腰，以腰帶臂。
2. 弓步方向正東。

（三十四）坐馬觀花（馬步亮扇）

1. 返身穿扇

身體微左轉，右手持扇向上、向前掄至頭頂，再沿

圖80

圖81

體側向身後反手穿（圖80）。

　　身體迅速反身向右後轉，重心移成右弓步。右手持
扇沿體側向身後反穿；再隨轉體向右前穿出；左手也隨
之向左後伸直。頭隨體轉，目視右扇（圖81）。

圖82

圖83

2. 馬步展扇

　　身體左轉，重心左移，成馬步。右手持扇翻轉橫立開扇，手心向內，與腰同高，停於右膝上方；左掌向上畫弧，舉於頭側上方，手心向上。目視扇沿（圖82）。

第五段

（三十五）順鸞肘（馬步頂肘）

1. 馬步合扇

　　身體微左轉。右手左擺合扇收至胸前；左掌同時落至胸前接握扇骨，扇頂斜向前上方。目視前（南）方（圖83）。

圖84　　　　　　　　圖85

2. 馬步頂肘

　　兩腿沉胯，重心下降。兩臂屈肘，以肘尖為力點向兩側後下方發勁頂擊。頭轉視右肘（圖84）。

　　【要點】

　　1. 此勢採自陳式太極拳，頂肘發力要鬆快短促，兩拳屈收，貼近胸部。

　　2. 頂肘後迅速放鬆，使兩臂產生反彈頓挫。

（三十六）裹鞭炮（馬步翻砸）

1. 轉腰合臂

　　上體右轉，重心右移。兩臂於腹前交叉，左拳在外。眼看左拳（圖85）。

2. 掄臂疊拳

上體左轉，重心左移，成馬步。左臂向上、向左掄擺一周；右臂稍向下伸，隨之依次輪擺一周，兩拳於腹前交叉相疊，右拳握扇壓在上面。目視前（南）方（圖86）。

圖86

3. 馬步翻抖

重心稍移向左腿成偏馬步。兩臂屈肘舉至胸前，小臂迅速翻張分開，抖彈發力，兩拳以拳背為力點，向左右翻砸，拳與肩同高，拳心斜向上。目視左拳（圖87）。

【要點】

1. 此勢也是陳式太極拳發力動作。抖拳時要沉肩垂肘，氣沉丹田。

2. 發力後兩拳鬆握制動，產生反彈抖動。

圖87

（三十七）前招勢（虛步撥扇）

1. 轉體擺掌

重心右移，身體右轉。左拳變掌內旋，向下、向右畫弧擺至右腹前；右手握扇內旋，向後伸展。目視右側（圖88）。

2. 虛步撥扇

身體左轉，左腳尖外撇，右腳向前（正東）上步，腳前掌點地，成右虛步。左掌向上、向左畫弧擺至頭左上方，指尖向右，掌心向外；右手握扇向下、向左撥扇，停於右膝前上方，掌心向左。目視前下方（圖89）。

【要點】

1. 移動要平穩，步法要輕靈。

2. 虛步的方向為正東。

（三十八）雙震腳（震腳拍扇）

1. 屈蹲分扇

兩腿微屈，重心下降，上體稍前俯。右手握扇上舉，經頭前內旋向右、向下畫弧；左掌同時內旋向左、向下畫弧，兩手對稱分開。目視前下方（圖90）。

2. 蹬跳托扇

兩手外旋合收於腹前。隨之右腿屈膝上擺，左腳蹬地跳起，兩掌同時翻裏上托，右手稍高於肩，左掌在右肘內側。目視前方（圖91）。

3. 震腳拍扇

左腳、右腳依次落地震踏。同時兩手內旋下按，右手握扇拍壓於體前，與胸同高，扇頂向前；左掌在右肘內側拍壓，與腹同高，掌心均向下。目視前扇（圖92）。

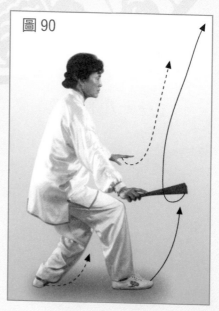

圖90

圖91　　　　　　　圖92

【要點】

1. 本勢也是陳式太極拳發力動作。

2. 兩手上托與擺腿蹬地要一致；身體躍起後左右腳依次下落，震踏地面兩響。

（三十九）龍虎相交（蹬腳推扇）

1. 提膝收扇

右腿屈膝上提，上體右轉。右手握扇收至右腰間；左掌經右手下向前穿出。目視前方（圖93）。

2. 蹬腳推扇

右腳以腳跟為力點，快速向前蹬出。同時轉腰順

肩，右手持扇前推，高與肩平，扇骨豎直向上；右掌翻
架於頭側上方。目視前方（圖94）。

【要點】

1. 蹬腳和推扇快速有力，同時完成，方向為正東。
2. 身體要正直、站穩。

（四十）玉女穿梭（望月亮扇）

1. 落腳合臂

身體右轉，右腳前落，腳尖外撇，重心前移，左腳
跟提起。同時，兩手落至腹前，腕部交叉，左掌在上。
頭隨體轉。目視東南（圖95）。

2. 插步展臂

身體繼續右轉，左腳扣腳上步，右腳經左腳後向左插步，重心移至左腿。兩臂分別向左、向右展開，腕同肩高。目視右扇（圖96）。

圖95

3. 後舉腿亮翅

左腿支撐，右腿後舉，小腿屈收，腳面展平。同時上體左轉，右手握扇舉至頭側上方側立開扇；左掌舉至左側沉腕挑掌，掌心斜向外，與肩同高。目視左掌（正東）（圖97）。

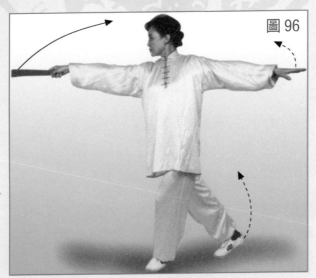

圖96

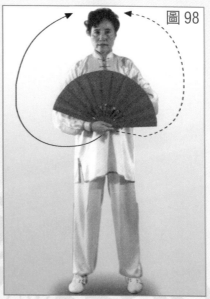

【要點】

1. 上插步時速度要快，也可做成跳插步。

2. 開扇挑掌與後舉腿要協調一致。同時撐腰、挺胸、轉頭，右腿屈膝後舉，身體成反弓形。扇骨豎直，扇面向南。

（四十一）天女散花（雲扇合抱）

1. 開步抱扇

身體轉向正南，右腳向右落步，兩腳平行，成開立步。右手握扇外旋下落，橫立扇抱於胸前；左掌向下合於扇根內側。目視前方（圖98）。

2. 開步雲扇

兩腿不動。兩手經兩側分開畫弧舉至頭頂。右手旋臂轉腕，持扇在頭頂雲轉一周，左手在頭頂與右腕相合。目仰視扇面（圖99）。

3. 插步抱扇

左腳向右腳側後方插步。右手持扇下落，抱於懷中；左手隨之下落，附於右腕內側。目視前方（圖100）。

【要點】

1. 抱扇高度以扇沿頂與下頦齊平為宜。

2. 雲扇時仰頭挺胸，腕指要靈活。扇面在頭上翻轉平雲，與（二十四）合扇雲擺不同。

圖101

（四十二）霸王揚旗（歇步亮扇）

1. 開步展臂

上體右轉，右腳向右上步，重心右移。兩手左右平展，順勢將扇合上，兩手心皆向下。目視右扇（圖101）。

2. 歇步亮扇

圖102

左腳向右腳右後方插步，兩腿交疊屈膝全蹲，成歇步。右手直臂舉至頭側上方側立開扇；左掌收至右胸前，指尖向上，掌心向右。頭轉視左前（東）方（圖102）。

圖103

【要點】

歇步與開扇、收掌、甩頭要協調一致。扇骨上下豎直，扇面向南，胸向東南。

（四十三）行步過門（托扇行步）

1. 轉身穿扇

兩腿伸直，腳掌碾轉，身體左後轉。右手持扇下落經胸前向左穿伸，扇沿向左，扇面水平，與肩同高；左手同時向外伸展，橫掌向外。目視右扇（圖103）。

2. 叉步抱扇

右腳經左腳前向左蓋步，身體右轉，重心前移，右腳跟提起，成叉步。右手外旋屈收抱扇至胸前；左手亮

圖104

圖104附圖

掌舉於頭側上方。頭轉看右前方（圖104、附圖104）。

3. 抱扇行步

上體保持不變，左腳沿弧線行步。目視右側（圖105）。

4. 抱扇行步

上體保持不變，右腳沿弧線行步，目視右側（圖106）。

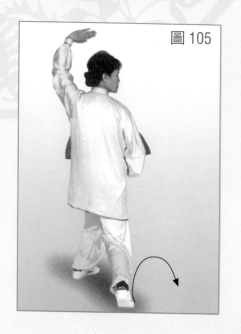

圖105

5. 抱扇行步

上體保持不變，左腳沿弧線行步。目視右側（圖107）。

6. 抱扇行步

上體保持不變，右腳沿弧線行步，目視右側（圖108）。

7. 抱扇行步

上體保持不變，左腳沿弧線行步，至此行五步，路線成一圓形，左腳在前，腳尖內扣，身體背向南，胸向北。頭轉看右後方（圖109）。

圖108

圖109

8. 轉身合掌

左腿蹬地，右腿屈膝前提，以左腳掌為軸碾轉，身體右後轉。右手抱扇位置不變；左手落於右肩內側。目視前方（圖110）。

9. 開步合扇

右腳向右落地成開立步，身體轉向正南。兩手左右分開，順勢合扇，兩臂側平舉，手心向下。目視前方（圖111）。

圖110

圖111

【要點】

1. 本勢屬過門連接動作。開步合扇後稍微停頓放鬆，準備開始第六段。

2. 行步時要求重心平穩，不搖不晃，腳跟先起先落，上體保持不變。上步時按圓弧切線行進，第五步腳尖內扣，步幅稍小。

第六段

（四十四）七星手（虛步搬扇）

1. 兩臂前舉

兩臂慢慢向前平擺成前平舉，與肩同寬，肘、腕關節向下微屈，左指和右扇斜向前上方。目視前方（圖112）。

圖112

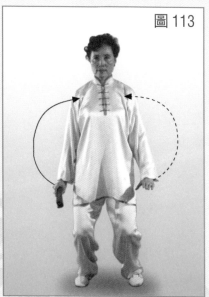

圖113

2. 屈膝按扇

　　兩腿屈膝半蹲。兩手同時下按至胯旁，兩肘微屈，手心向下，指尖和扇頂向前。目視前方（圖113）。

3. 虛步掤扇

　　左腳向前上步，腳跟著地，成左虛步。兩手經兩側向前上方畫弧掤至體前，兩臂微屈。右手於右肩前斜開扇，扇沿向左，扇骨斜向上；左手附於右前臂內側，手心斜向下。目視扇面（圖114）。

【要點】

1. 屈膝下蹲時要保持身體正直。

圖114

圖115

2. 開扇與虛步同時完成。扇正面斜向下，小骨面斜向上。

（四十五）攬紮衣（弓步搠扇）

1. 收腳抱手

左腳踏實，重心前移，身體微左轉，右腳收至左腳內側。右手持扇向右、向下畫弧收至左腹前，扇面水平，扇沿向左；左掌向下、向左、向上畫弧收至左胸前，手心向下，兩手上下相抱。目視左掌（圖115）。

2. 弓步搠扇

上體右轉，右腳向右前(西)方輕輕上步，腳跟先著

地，隨之重心前移，左腿
蹬直，成右弓步。同時右
手向前掤扇送出，臂微
屈，腕同肩高，扇小骨面
斜向上；左掌向左向下按
於左胯旁，掌心向下。目
視扇面（圖116、117）。

圖116

【要點】

1. 步法要輕靈平穩，
身法要中正安舒。

2. 轉身上步時，要注
意與轉腰協調配合。

3. 弓步時，左腳跟隨之蹬轉。

圖117

（四十六）捋擠勢（後捋前擠）

1. 合手翻扇

上體微右轉。右手持扇前伸，手心翻轉向下；左掌翻轉前擺，停於前臂內下方，手心向上。目視前方（圖118）。

圖118

2. 坐腿後捋

重心後移，左腿屈坐，上體左轉。兩手同時向下、向後畫弧，左手擺至側後方，與頭同高，掌心向外；右手持扇擺至左胸前，手心向內，扇面與身體平行。目視左手（圖119）。

3. 轉身搭手

身體右轉，朝向正西。兩手屈肘合於胸前，右掌心向內，扇骨豎立，扇沿向左；左掌心向外，掌指附於右腕內側。目視前方（圖120）。

圖119

圖120

4. 弓步前擠

　　重心前移成
右弓步，兩掌同
時向前擠出，兩
臂撐圓，扇骨保
持豎立，扇沿向
左。目視前方
（圖121）。

圖121

【要點】

　　1. 後坐前弓時，後腳不可扭動。

　　2. 後將前擠與腰部旋轉相配合。

（四十七）蘇秦背劍（併步背扇）

1. 後坐平雲

重心後移，上體右轉，左腿屈坐，右腳尖上翹。右手持扇翻轉使扇面向上，自前向右、向後平雲至體側；左掌仍附於右腕內側隨之畫弧。目視扇面（圖122）。

2. 轉腰推扇

身體左轉，右腳尖內扣。右臂內旋屈收，右腕仰翹，右手持扇、向左畫弧雲轉推出，扇面轉向南；左掌仍附於右腕內側，掌心轉向上。目視左前（南）方（圖123）。

3. 併步背扇

身體右轉，重心右移。右手持扇內旋向右畫弧，伸臂擺至體側，虎口向下；左掌收於右胸前。目視右扇（圖124）。

左腳向右腳併步，兩腿直立，身體左轉，胸向正南。右手持扇擺向身後，扇小骨面貼於背後；左掌向左前方推出，腕與肩平。目視左掌（圖125）。

【要點】

1. 雲扇要隨腰的轉動鬆活地平雲畫弧；上體保持正直，右臂相應作內外旋轉。

2. 併步、背扇與推掌要協調一致。併步方向正南；推掌方向東南。

（四十八）摟膝拗步（弓步戳扇）

1. 擺掌合扇

身體右轉。左掌經頭前向右畫弧落至右肩前，手心向右；右手握扇自背後伸向右前方，腕同肩高，扇沿向下；隨之右腕翻轉合扇，手心轉向上。目視右扇（圖126）。

2. 轉身上步

上體左轉，左腳向前（東）方邁出一步，腳跟輕輕落地。右臂屈肘，右手握扇收至頭側，扇根朝前；左手落在腹前。目視前方（圖127）。

3. 弓步戳扇

圖128

上體繼續左轉，重心前移，成左弓步。右手以扇根為力點向前戳出，高與頭平；左手摟至左胯旁，掌心向下。目視前方（圖128）。

【要點】

1. 拗弓步時，為保重心穩定，兩腳左右寬度要保持30公分左右。

2. 戳扇時扇根朝前，扇骨水平。前戳、下摟和弓腿同時到位。

（四十九）單鞭下勢（仆步穿扇）

1. 轉身勾手

身體右轉，左腳尖內扣，右腳向身後輕輕移動半步。左手變勾手提至身體左側，與頭同高；右手握扇屈收至左肩前，扇根向左，扇頂向右。目視左勾手（圖129）。

圖129

2. 仆步穿扇

左腿全蹲，右腿伸直，上體右轉，成右仆步。右手握扇下落順右腿內側向右穿出，伸至踝關節內側時，旋臂抖腕平立開扇。目視扇沿（圖130）。

【要點】

1. 轉身勾手時重心仍在左腳。

2. 仆步開扇後扇骨與地面平行，扇面立於右腿內側上方。

（五十）挽弓射虎（弓步架扇）

1. 弓腿起身

重心右移，上體右轉，右腳尖外展，左腳尖內扣，右腿屈弓，成右弓步。右手托扇上舉與肩平；左臂內旋

圖130

圖131

背於身後，勾尖向上。目視前方（圖131）。

2. 轉腰擺臂

上體右轉。右手握扇向下、向右畫弧擺至身體右

側，手心向上；左勾手變拳向上、向前畫弧擺至右肩前，拳心向下。目視右扇（圖132）。

圖132

3. 弓步架扇

上體左轉。右手握扇內旋上架，舉至頭側上方，右臂微屈，手略高於頭；左拳經胸前向左前（南）方打出，高與鼻平，拳面斜向前，拳眼斜向下。目視左拳（圖133）。

圖133

【要點】

1. 轉腰與擺臂要協調一致。

2. 定勢時，弓步方向為正西，上體半面左轉，衝拳方向正南；架扇扇沿向上，扇骨水平，扇面朝南。

（五十一）白鶴亮翅（虛步亮扇）

1. 轉腰合扇

身體左轉，重心左移，右腳內扣。右手握扇外旋落至胸前；左拳變掌屈收與右腕相合，順勢前推合扇。目視前方（圖134）。

2. 轉腰分掌

身體右轉，重心右移。右手握扇向下、向右畫弧，擺至右胯側；左掌向上、向左畫弧，擺至頭左側。目視右前方（圖135）。

3. 虛步亮扇

身體轉正，左腳向前上
步，腳前掌著地，成左虛
步。兩手繼續向左下和右上
方畫弧，左掌按在左胯旁；
右手在頭右前方抖腕側立開
扇。目視前方（圖136）。

圖136

【要點】

同（三）白鶴亮翅。

（五十二）收勢（抱扇還原）

1. 開步平舉

身體慢慢站
立，左腳撤回與右
腳成開立步。右手
翻腕合扇，落經腰
間再向右平舉，扇
頂向右；左臂同時
向左平舉，兩手心
皆向下。目視前方
（圖137）。

圖137

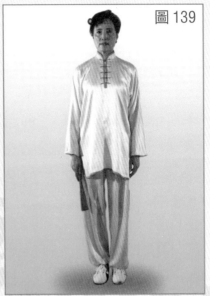

2. 併步抱扇

左腳收至右腳內側併步。兩手同時從兩側向前畫弧合抱於胸前,與肩同高,兩臂撐圓,左手在外,扇頂向上。目視前方（圖138）。

3. 垂臂還原

兩臂自然下垂至體側,身體還原成預備勢。目視前方（圖139）。

【要點】

1. 開步平舉時,右手先合扇,再收腳展臂平舉。

2. 併步與抱扇要同時。

動作與歌曲配合對照表

| 動作名稱 | 拍節 | 曲譜 | 歌詞 |

預備勢

第一段（慢板）每分鐘66拍　（音樂前奏）

1. 起　　勢　八拍
2. 斜　飛　勢　八拍　　6·i 56 17｜6 - - -　　臥似一張弓
3. 白鶴亮翅　八拍　　6·i 56 45｜3 - - -　　站似一棵松
4. 黃蜂入洞　八拍　　3 32 5 56｜34 32 1 -　　不動不搖坐如鐘
5. 哪吒探海　八拍　　2·3 56 17｜6 - - -　　走路一陣風
6. 金雞獨立　八拍　　6·i 56 17｜6 - - -　　南拳和北腿
7. 力劈華山　八拍　　6·i 56 45｜3 - - -　　少林武當功
8. 靈貓捕蝶　八拍　　3 32 5 56｜34 32 1 -　　太極八卦連環掌
9. 坐馬觀花　八拍　　2·3 56 17｜6 - - -　　中華有神功

第二段（快板）每分鐘104拍

10. 野馬分鬃　四拍　　6·i 53 6 0　　臥似一張弓
11. 雛燕凌空　四拍　　6·i 54 3 0　　站似一棵松
12. 黃蜂入洞　四拍　　3·2 56 32 1　　不動不搖坐如鐘
13. 猛虎撲食　四拍　　2·3 5617 6 0　　走路一陣風
14. 螳螂捕蟬　四拍　　6·i 53 6 0　　南拳和北腿
15. 勒馬回頭　四拍　　6·i 53 3 0　　少林武當功
16. 鷂子翻身　四拍　　3·2 56 32 1　　太極八卦連環掌
17. 坐馬觀花　四拍　　2·3 5617 6 0　　中華有神功

動作名稱	拍節	曲譜	歌詞

第三段（念板） （間奏音樂）

動作名稱	拍節	曲譜	歌詞
18. 舉鼎推山	四拍		棍掃一大片
19. 神龍回首	四拍		槍挑一條線
20. 揮鞭策馬	四拍		身輕好似雲中燕
21. 立馬揚鞭	四拍		豪氣沖雲天
22. 懷中抱月	四拍		外練筋骨皮
23. 迎風撩衣	四拍		內練一口氣
24. 翻花舞袖	四拍		剛柔並濟不低頭
25. 霸王揚旗	四拍		我們心中有天地
26. 抱扇過門			

第四段（快板）同第二段

動作名稱	拍節	曲譜	歌詞
27. 野馬分鬃	四拍	6·1̇ 53 6 0	臥似一張弓
28. 雛燕凌空	四拍	6·1̇ 54 3 0	站似一棵松
29. 黃蜂入洞	四拍	3·2 56 32 1	不動不搖坐如鐘
30. 猛虎撲食	四拍	2·3 561̇7 6̣ 0	走路一陣風
31. 螳螂捕蟬	四拍	6·1̇ 53 6 0	南拳和北腿
32. 勒馬回頭	四拍	6·1̇ 54 3 0	少林武當功
33. 鷂子翻身	四拍	3·2 56 32 1	太極八卦連環掌
34. 坐馬觀花	四拍	2·3 561̇7 6̣ 0	中華有神功

第五段（念板）

動作名稱	拍節	曲譜	歌詞
35. 順鸞肘	四拍（喊）	（間奏音樂）	清風劍在手
36. 裏鞭炮	四拍（喊）		雙刀就看走
37. 前招勢	四拍		行家功夫一出手
38. 雙震腳	四拍（喊）		就知有沒有

動作名稱	拍節	曲譜	歌詞
39. 龍虎相交	四拍（喊）		手是兩扇門
40. 玉女穿梭	四拍（喊）		腳下是一條根
41. 天女散花	四拍		四方水土養育了
42. 霸王揚旗	四拍（喊）		我們中華武術魂
43. 行步過門			

第六段（慢板）同第一段

動作名稱	拍節	曲譜	歌詞
44. 山星手	八拍	6·i 56 i7|6---	東方一條龍
45. 攬紮衣	八拍	6·i 56 45|3--	兒女似英雄
46. 捋擠勢	八拍	3 32 56|34 32 1-	天高地遠八面風
47. 蘇秦背劍	八拍	2·3 56 i7|6---	中華有神功
48. 摟膝拗步	八拍	6·i 56 i7|6---	東方一條龍
49. 單鞭下勢	八拍	6·i 56 45|3--	兒女似英雄
50. 挽弓射虎	八拍	3 32 56|34 32 1-	天高地遠八面風
51. 白鶴亮翅	八拍	2·3 56 i7|6==	中華有神功
52. 收　勢	八拍	2·3 56 i7|6---	中華有神功

中國功夫

宋小明　詞
伍嘉冀　曲

1 = G 4 / 4

每分鐘66拍

6· i̲ 5̲ 6̲ i̲ 7̲ | 6 − − − | 6· i̲ 5̲ 6̲ 4̲ 5̲ |

1. 臥　似　一　張　弓，　　　　站　似　一　棵
2. 南　拳　和　北　腿，　　　　少　林　武　當
3. 東　方　一　條　龍，　　　　兒　女　似　英

3· · (0̲ 3̲ 3̲·2̲ 1̲ 2̲) | 3 3̲ 2̲ 5 5̲ 6̲ | 3̲ 4̲ 3̲ 2̲ 1 − |

松，　　　　不　動　不　搖　坐　如　鐘，
功，　　　　太　極　八　卦　連　環　掌，
雄，　　　　天　高　地　遠　八　面　風，

【1.3.】
2· 3̲ 5̲ 6̲ i̲ 7̲ | 6·· (5̲ 6̲ 1̲·2̲ 5̲♭7̲) :‖

走　路　一　陣　風。　　　中　華　有　神
中　華　有　神　功。

【2.】
2· 3̲ 5̲ 6̲ i̲ 7̲ |

走　路　一　陣　風。

每分鐘104拍

6 − − − ‖: 6̲· i̲ 5̲ 3 6 0 | 6̲· i̲ 5̲ 4 3 0 |

功。　　　　臥　似　一　張　弓，　　站　似　一　棵　松，
　　　　　　臥　似　一　張　弓，　　站　似　一　棵　松，

3̲·2̲ 5̲ 6̲ 3̲ 2̲ 1 | 2·3 5̲ 6̲ 1̲ 7̲ 6 0 | 6̲· i̲ 5̲ 3 6 0 |

不　動　不　搖　坐　如　鐘，走　路　一　陣　風；　南　拳　和　北　腿，
不　動　不　搖　坐　如　鐘，走　路　一　陣　風；　南　拳　和　北　腿，

6·1 5 4 3 0 | 3·2 5 6 3 2 1 | 2·3 5 6 7 6 - |

少林 武當功，　太 極 八卦 連環掌，中 華 有 神 功。
少林 武當功，　太 極 八卦 連環掌，中 華 有 神 功。

✗✗ ✗✗ ✗ 0 | ✗✗ ✗✗ ✗ 0 | ✗✗✗ ✗✗✗ ✗ |

棍掃 一大片，　槍挑 一條線，　身輕 好似 雲中燕，
清風 劍在手，　雙刀 就看走，　行家的 功夫 一出手，

✗✗ ✗✗ ✗ 0 | ✗✗ ✗✗ ✗ 0 | ✗✗✗ ✗✗ ✗ 0 |

豪氣沖雲天。　外練 筋骨皮，　內練 一口氣，
就知有沒有。　手是 兩扇門，　腳下 一條根

✗✗✗ ✗✗✗✗✗ | ✗✗ ✗✗ ✗ 0 | (間奏略)　‖:
　　　　　　　　　　　　　　　　　　 D.C.

剛柔 並濟 不低頭,我們　心 中 有 天 地。
四方水土 養育了,我們　中 華 武 術 魂。

4. rit.
2·3 5 6 1 7 | 6 - - - | 6 - - - | 6 0 0 0 :‖
　　　　　　　　　　　　　　　　　　　　 Fine

中 華 有 神 功。

大展好書　好書大展
品嘗好書　冠群可期

大展好書　好書大展
品嘗好書・冠群可期